MASCHINELLES LERNEN IN AKTION

EIN GRUNDLAGENBUCH FÜR DEN LAIEN

ALAN T. NORMAN

Aus dem Englischen übersetzt von Frank Münker

Warum Ich Dieses Buch Geschrieben Habe

Willkommen in der Welt des maschinellen Lernens!

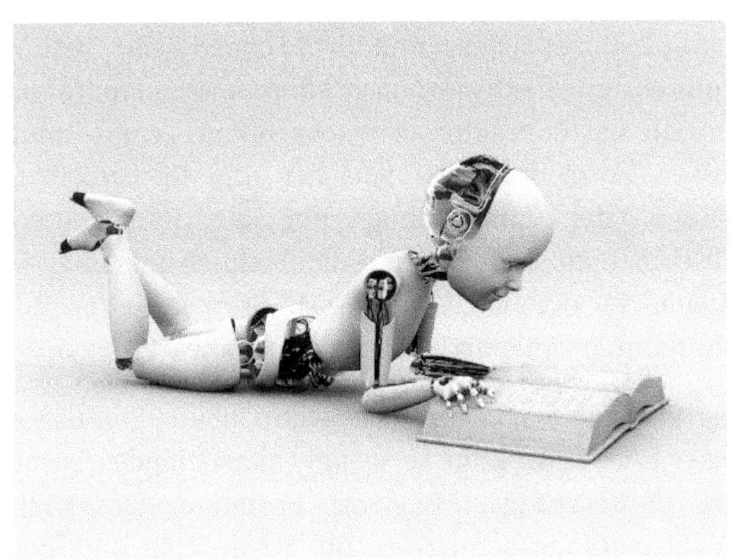

Die künstliche Intelligenz ist dabei, den Lauf der Menschheitsgeschichte zu verändern, vielleicht mehr als jede andere Technologie zuvor. Ein großer Teil dieser Revolution ist das maschinelle Lernen.

Maschinelles Lernen ist die Wissenschaft, einem Computer beizubringen, auf der Grundlage von Daten Vorhersagen zu machen. Grundsätzlich bedeutet maschinelles Lernen, einen Computer mit Daten zu füttern und ihn daraus eine Vorhersage ableiten zu lassen. Am Anfang wird der Computer noch oft falsche Vorhersagen machen, doch im Verlauf von Tausenden von Vorhersagen wird der Computer seinen Algorithmus verfeinern, um bessere Vorhersagen zu treffen.

Diese Art von vorausschauenden Berechnungen war bislang nicht möglich, weil die Computer einfach nicht genug Daten speichern und nicht schnell genug rechnen konnten, um effektiv lernen zu können. Aber Jahr für Jahr werden die Computer in wachsendem Tempo immer besser. Fortschritte bei Speicher und Rechenleistung treiben die Entwicklung hin zu intelligenteren Maschinen an. Dadurch sind die Rechner heutzutage zu Dingen in der Lage, die noch vor ein oder zwei Jahrzehnten völlig undenkbar gewesen wären.

Das maschinelle Lernen hat schon heute Einfluss auf unser Leben. Amazon verwendet maschinelles Lernen, um vorherzusagen, welche Produkte Sie kaufen möchten. Gmail benutzt es, um Spam-Mails aus Ihrem Posteingang herauszufiltern. Die Filmempfehlungen, die Netflix Ihnen gibt, basieren auf Algorithmen des maschinellen Lernens.

Aber der Einfluss von maschinellem Lernen fängt hier erst an. Algorithmen machen schon jetzt in vielen Branchen Vorhersagen, von der Landwirtschaft bis hin zum Gesundheitswesen. Dies wird Jahr für Jahr in immer weiteren Branchen und Gebieten spürbar werden. Wir werden diese neuen Anwendungen des maschinellen Lernens Schritt für Schritt als Teil unseres Lebens akzeptieren. Auf jeden Fall ist diese neue Abhängigkeit von intelligenten Maschinen ein Wendepunkt in der

Geschichte der Technologie, und dies wird in immer rasanterem Tempo weitergehen.

In Zukunft werden maschinelles Lernen und künstliche Intelligenz die Automatisierung vieler Aufgaben übernehmen, die heute noch von Menschen erledigt werden. Selbstfahrende Autos sind für die Bilderkennung auf maschinelles Lernen angewiesen. Sie werden zunehmend den Straßenverkehr prägen, ebenso wie selbstfahrende LKWs und andere Fahrzeuge für den Güter-Transport. Ein Großteil der Landwirtschaft und der Produktion ist jetzt schon automatisiert, sodass maschinelles Lernen uns bereits heute unsere täglichen Lebensmittel und Waren liefert. Dieser Trend zur Automatisierung beschleunigt sich immer mehr. Weitere Anwendungen für maschinelles Lernen könnten die täglichen Aufgaben der Menschen grundlegend verändern, da Maschinen immer besser in der Lage sind, Prozesse zu verwalten und Wissensarbeit zu erledigen.

Da maschinelles Lernen einen so tiefgreifenden Einfluss auf unseren Alltag haben wird, ist es wichtig, dass jedermann Zugang zu Informationen darüber hat, wie maschinelles Lernen funktioniert. Deshalb habe ich dieses Buch geschrieben. Die derzeitige Landschaft zu maschinellem Lernen ist geteilt.

Zum einen gibt es Werke für die breite Masse, die aber zu stark vereinfacht sind und den Eindruck erwecken, dass nur ein absoluter Experte diese Konzepte verstehen könnte.

Andererseits gibt es technische Veröffentlichungen, die von Experten für Experten verfasst wurden. Sie schließen mit ihrem technischen Jargon und ihrer Komplexität die Allgemeinheit aus. Natürlich ist das Schreiben und Ausführen eines Algorithmus für maschinelles Lernen eine sehr anspruchsvolle technische Leistung, und dafür ist die entsprechende Fachliteratur notwendig. Aber es klafft eine große Lücke in der aktuellen Literatur zum maschinellen Lernen.

Was ist mit dem Laien, der diese technologische Revolution verstehen möchte? Der nicht selbst Code schreiben möchte, sondern nur die Veränderungen um ihn herum verstehen will? Das Verständnis der Kernkonzepte des maschinellen Lernens sollte nicht auf eine technologische Elite beschränkt bleiben, denn diese Veränderungen betreffen uns alle. Sie haben ethische Konsequenzen, und es ist wichtig, dass die Öffentlichkeit über alle Vor- und Nachteile des maschinellen Lernens Bescheid weiß.

Deshalb habe ich dieses Buch geschrieben. Wenn das für Sie interessant klingt, dann wünsche ich Ihnen viel Vergnügen beim Lesen.

IN DIESEM BUCH GEHT ES NICHT UM DAS CODIEREN VON LERNALGORITHMEN

Falls das Manifest in der Einleitung nicht klar genug war: In diesem Buch geht es nicht um das Codieren. Es ist nicht für Informatiker gedacht, die lernen möchten, wie man Algorithmen für maschinelles Lernen erstellt.

Zum einen bin ich selbst bei Weitem nicht qualifiziert, ein solches Buch zu schreiben. Menschen verbringen Jahre damit, die Feinheiten des Schreibens von Algorithmen und des Trainings von Netzwerken zu lernen. Es gibt ganze Doktorandenprogramme, die die Ränder dieses Feldes erforschen und sich dabei auf die lineare Algebra und die prädiktive Statistik stützen. Wenn man tief in die Details des maschinellen Lernens eintaucht und es genug liebt, um einen Doktortitel zu erhalten, könnte man leicht 300.000 bis 600.000 US-Dollar verdienen, wenn man für eine große Technologiefirma arbeitet. So selten und wertvoll sind diese Fähigkeiten.

Ich selbst habe diese Qualifikationen nicht, und das ist auch gut so. Wenn Sie dieses Buch in der Hand haben, sind Sie vermutlich ein Laie, der Interesse an maschinellem Lernen hat. Sie haben wahrscheinlich keinen technischen Hintergrund, oder selbst wenn, dann sind Sie auf der Suche nach einem grundlegenden Buch, um den Einstieg in die grundsätzlichen Zusammenhänge zu finden. Als Technologie-Autor lerne ich ständig neue Technologien. Ich kann mich noch.

Ich kann Ihnen dabei helfen, die grundsätzlichen Konzepte auf leicht verständliche Weise zu erklären. Nachdem Sie dieses Buch gelesen haben, sollten Sie ein solides Verständnis für die Grundprinzipien haben. Das macht es einfacher, dann ein fortgeschritteneres Buch zu diesem Thema zu lesen, wenn Sie mehr darüber erfahren möchten.

Wenn Sie jedoch das Gefühl haben, die Grundprinzipien bereits zu verstehen, oder wenn Sie ein Buch wollen, das Ihnen das Schreiben und Trainieren eines Algorithmus für maschinelles Lernen in allen technischen Details vermittelt, dann ist dies wahrscheinlich nicht das richtige Buch für Sie.

EINE EINFÜHRUNG FÜR DEN LAIEN

Das eigentliche Ziel dieses Buches ist es, eine einfach zu lesende Einführung in das maschinelle Lernen zu sein. Mein Ziel ist es, ein Buch zu schreiben, das jeder verstehen kann, aber dennoch den Prinzipien des maschinellen Lernens treu zu bleiben und die Konzepte nicht zu stark zu vereinfachen. Ich vertraue dabei auf die Intelligenz meiner Leser und glaube nicht, dass ein Anfängerbuch unbedingt auf jegliche Komplexität und Details verzichten muss. Es ist jedoch kein sehr umfangreiches Buch und es ist bei Weitem nicht umfassend. Diejenigen, die tief in dieses Thema einsteigen wollen, werden sich eher mit anderen Büchern und Ressourcen beschäftigen.

In diesem Buch schauen wir uns die grundlegenden Konzepte und Arten des maschinellen Lernens an. Wir erforschen, wie sie funktionieren. Dann werden wir uns mit Daten und dem Schreiben und Trainieren eines Algorithmus beschäftigen. Und schließlich betrachten wir reale Anwendungsfälle für maschinelles Lernen sowie Anwendungsfälle, in denen maschinelles Lernen als Nächstes zum Einsatz kommen könnte.

Nochmals herzlich willkommen beim maschinellen Lernen. Und jetzt tauchen wir ein …

KAPITEL 1. WAS IST MASCHINELLES LERNEN?

Im ersten Kapitel geht es darum, einen Rahmen dafür zu schaffen, was Sie in diesem Buch lesen werden. Hier werden die grundlegenden Konzepte definiert, die wir in den folgenden Kapiteln dann genauer untersuchen werden. Die Kapitel dieses Buches bauen aufeinander auf; dieses ist das Grundgerüst.

Der Ausgangspunkt dafür ist logischerweise zu definieren, was maschinelles Lernen eigentlich ist.

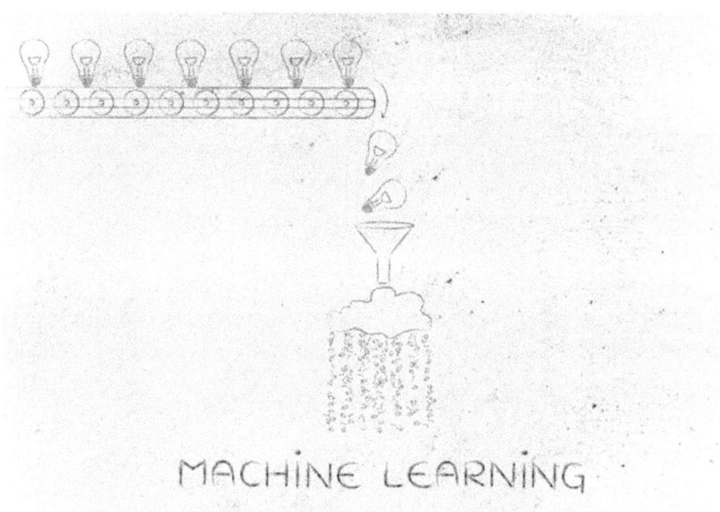

Meine einfache Definition lautet wie folgt: Durch maschinelles Lernen kann ein Computer aus Erfahrungen lernen.

Das mag auf den ersten Blick trivial klingen, aber wenn man diese Definition genauer betrachtet, dann hat sie weitreichende Auswirkungen. Bevor es maschinelles Lernen gab, konnten Computer nicht aus Erfahrung lernen, sondern der Computer tat einfach nur genau das, was der ihm der Code vorschrieb.

Bei maschinellem Lernen kann der Computer – einfach gesagt – seine Antworten dadurch verändern, dass eine „Feedback"(Rückkopplungs)-Schleife für gute und schlechte Antworten eingeführt wird. Das bedeutet, dass sich Algorithmen für maschinelles Lernen grundlegend von den bisher verwendeten Computerprogrammen unterscheiden.

Der erste Schritt, um zu erkennen, wie maschinelles Lernen die Informatik grundlegend verändert, ist es zu verstehen, was der Unterschied zwischen expliziter Programmierung und Algorithmus-Training ist.

EXPLIZITE PROGRAMMIERUNG VS. ALGORITHMUSTRAINING

Mit wenigen Ausnahmen wurde fast jede Software, die Sie bisher in Ihrem Leben verwendet haben, explizit programmiert. Das bedeutet, dass ein Mensch eine Abfolge von Regeln und Anweisungen geschrieben hat, die vom Computer ausgeführt werden soll. Alles, vom Betriebssystem Ihres Computers über das Internet bis hin zu den Apps auf Ihrem Smartphone, besteht aus Code, den ein Mensch geschrieben hat. Ohne Menschen, die einem Computer eine Reihe von Anweisungen zum Ausführen geben, wäre der Computer nicht in der Lage, irgendetwas zu tun.

Explizite Programmierung ist großartig, sie ist das Rückgrat für alles, was wir derzeit mit Computern tun. Explizite Programmierung ist optimal, wenn der Computer Daten verwalten soll, einen Wert berechnen oder Beziehungen für Sie verfolgen soll. Explizite Programmierung ist sehr mächtig, hat aber einen Flaschenhals: den Menschen.

Das wird dann problematisch, wenn der Computer komplexe Dinge erledigen soll, z. B. eine Katze auf einem Foto erkennen. Wenn wir einem Computer mithilfe expliziter Programmierung beibringen wollten, wonach bei einer Katze zu suchen ist, würden wir Jahre damit verbringen, Code für jede erdenkliche Eventualität zu schreiben. Was z. B. wäre, wenn man nicht alle vier Beine der Katze auf dem Foto sehen könnte? Was, wenn die Katze eine andere Farbe hat? Könnte der Computer eine schwarze Katze auf schwarzem Hintergrund oder eine weiße Katze im Schnee erkennen?

Das sind alles Dinge, die wir Menschen für selbstverständlich halten. Unser Gehirn erkennt Dinge in vielen Zusammenhängen schnell und einfach. Computer können das nicht so gut. Es würde Millionen von Zeilen expliziten Codes erfordern, um einem Computer zu sagen, wie er eine Katze identifizieren kann. Tatsächlich ist es vermutlich überhaupt nicht möglich, einen

Computer explizit so zu programmieren, dass er Katzen zu 100 % genau identifizieren kann, weil sich der Kontext immer ändern und den Code durcheinanderbringen kann.

Hier kommen Algorithmen ins Spiel. Bei expliziter Programmierung versuchen wir, dem Computer zu sagen, was eine Katze ist, und alle Eventualitäten dafür in unserem Code zu berücksichtigen. Im Gegensatz dazu ermöglichen maschinelle Lernalgorithmen dem Computer, selbst herauszufinden, was eine Katze ist.

Am Anfang enthält der Algorithmus nur ein paar wesentliche Funktionen. Zum Beispiel könnten wir den Computer anweisen, nach vier Beinen und einem Schwanz zu suchen. Dann füttern wir diesen Algorithmus mit ganz vielen Bildern. Einige dieser Bilder sind Katzen, aber andere sind vielleicht Hunde, Bäume oder irgendwelche zufälligen Objekte. Wenn der Algorithmus eine Vermutung darüber anstellt, was er erkennt, dann geben wir positives Feedback für richtige Vermutungen und negatives Feedback für falsche Vermutungen.

Im Laufe der Zeit wird der Computer den Algorithmus dazu verwenden, sich ein eigenes Modell zu erstellen, wonach er suchen muss, um eine Katze korrekt zu identifizieren. Die Bestandteile im Computermodell sind möglicherweise Dinge, an die wir anfangs gar nicht gedacht haben. Mit mehr Feedback und Tausenden von Bildern zum Lernen wird der Algorithmus allmählich immer besser darin, Katzen zu identifizieren. Der

Algorithmus wird dabei möglicherweise nie eine 100%ige Trefferquote erreichen, aber er wird präzise genug sein, um einen menschlichen „Katzenerkenner" zu ersetzen, da der Lernalgorithmus viel schneller und effizienter ist.

Diese Algorithmen sind Richtlinien, aber keine expliziten Regeln. Sie sind eine neue Methode, um einem Computer zu erklären, wie er an eine Aufgabe herangehen soll. Algorithmen beinhalten Feedbackschleifen, die sich im Verlauf von Hunderten oder gar Tausenden von Versuchen selbst korrigieren.

DEFINITION: KÜNSTLICHE INTELLIGENZ VS. MASCHINELLES LERNEN VS. NEURONALE NETZE

In diesem Buch geht es zwar um maschinelles Lernen, aber dieser Begriff ist in einem größeren Zusammenhang zu sehen. Da maschinelles Lernen immer beliebter wird, wird auch viel darüber berichtet. In solchen Beiträgen verwenden die Journalisten oft die Begriffe künstliche Intelligenz, maschinelles Lernen und neuronale Netze synonym. Es gibt aber Unterschiede zwischen diesen drei Begriffen.

Artificial Intelligence

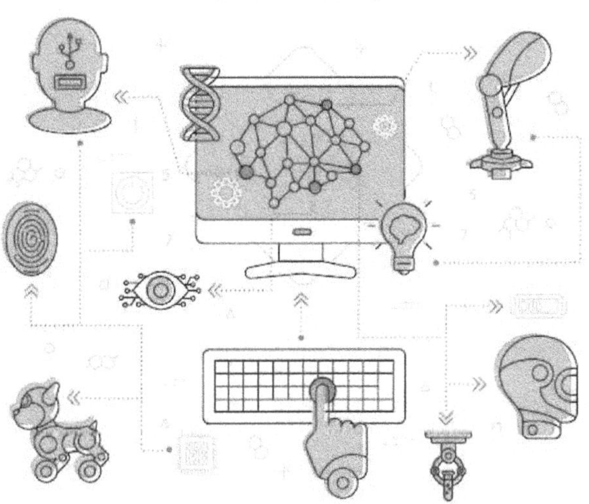

Künstliche Intelligenz ist der älteste und umfassendste dieser drei Begriffe. Er wurde in der Mitte des 20. Jahrhunderts geprägt und bezieht sich auf alles, wo eine Maschine seine Umgebung beobachtet und entsprechend reagiert. Künstliche Intelligenz steht im Gegensatz zu der natürlichen Intelligenz von Menschen und Tieren. Mit der Zeit hat sich der Aufgabenbereich der künstlichen Intelligenz allerdings verändert. Zum Beispiel war die Zeichenerkennung früher eine große Herausforderung. Mittlerweile ist das jedoch schon zum Standard geworden und wird daher heute nicht mehr zur KI gerechnet. Immer wenn wir neue Anwendungsmöglichkeiten für die KI gefunden haben, integrieren wir sie in das, was für uns „normal" ist, und erweitern die KI auf das, was dann jeweils gerade neu ist.

Maschinelles Lernen ist eine bestimmte Teilmenge der KI. Wir haben uns in diesem Kapitel bereits mit der Definition von maschinellem Lernen beschäftigt, aber es geht darum, einer Maschine eine Feedback-Schleife zu geben, die es ihr ermöglicht, aus Erfahrungen zu lernen. Den Begriff gibt es seit den 1980er Jahren, aber erst in den letzten 10 bis 15 Jahren hatten wir die Rechen- und Speicherkapazitäten, um wirklich mit der Implementierung von maschinellem Lernen in großem Maßstab zu beginnen.

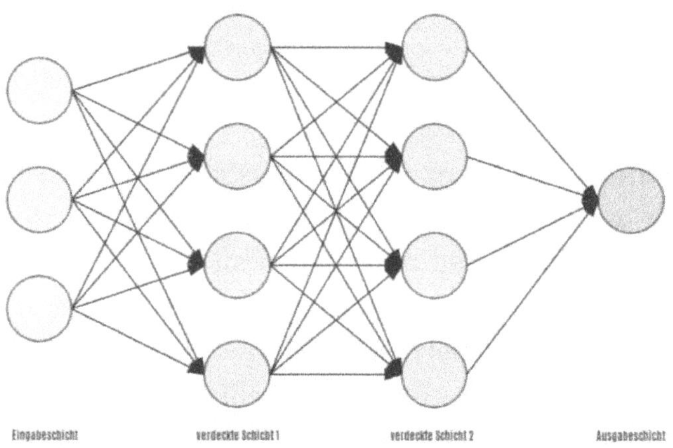

Neuronale Netze sind eine Teilmenge des maschinellen Lernens, sie sind derzeit der heißeste Trend in der Branche. Ein neuronales Netzwerk besteht aus vielen Neuronen (oder auch „Knoten"), die zusammenarbeiten, um gemeinsam eine Antwort zu finden. Jedes der untersten Neuronen hat eine bestimmte Funktion. Beispielsweise können die untersten Neuronen bei der Bilderkennung bestimmte Farben oder Linien erkennen. Darüber liegende Neuronen können dann die Linien in Formen zusammenfassen, Abstände messen oder die Farbdichte untersuchen. Jedes dieser Neuronen wird am Ende in Bezug auf seine Auswirkungen auf die endgültige Antwort gewichtet. Am Anfang wird das neuronale Netz noch viele Fehler machen, aber im Verlauf zahlreicher Versuche wird das neuronale Netz die Gewichtung aller Neuronen immer wieder anpassen, um besser darin zu werden, die korrekte Antwort zu finden.

Wenn Sie einen Artikel über künstliche Intelligenz, maschinelles Lernen und neuronale Netze lesen, dann verstehen Sie jetzt den Unterschied. Entscheidend dabei ist, dass neuronale Netze nur eine Teilmenge des maschinellen Lernens sind und dieses wiederum nur eine Teilmenge der künstlichen Intelligenz.

GRUNDLEGENDE KONZEPTE

Maschinelles Lernen lässt sich für viele Aufgabenstellungen einsetzen. Wann immer es eine große Datenmenge zu analysieren gilt, kann der Einsatz von maschinellem Lernen hilfreich sein, um eine sinnvolle Aussage zu erzielen. Jedes Projekt für maschinelles Lernen ist anders, aber es gibt fünf Kernpunkte, die in jeder Anwendung gleich sind:

1. DIE AUFGABENSTELLUNG

Maschinelles Lernen ist immer dann sinnvoll, wenn es darum geht, Muster zu erkennen und Verhalten vorherzusagen. Mustererkennung kann von Zeichenerkennung über das Vorhersagen von Wartungsarbeiten gehen, bis hin zur Empfehlung von Produkten, die auf den vorherigen Käufen des Kunden basieren.

Allerdings versteht ein Computer die Daten oder die Aufgabenstellung nicht von selbst. Deshalb muss ein Datenspezialist dem Computer durch entsprechendes Feedback beibringen, wonach er suchen soll. Wenn der Datenspezialist die Aufgabenstellung nicht präzise definiert, wird auch der beste und auf die größte Datenmenge trainierte Algorithmus nicht die gewünschten Ergebnisse bringen.

Natürlich ist maschinelles Lernen noch nicht besonders gut darin, auf einer höheren Ebene sinnbildliche Schlussfolgerungen zu ziehen. Ein Algorithmus könnte zum Beispiel in der Lage sein, ein Körbchen, bunte Eier und eine Wiese zu erkennen, nicht aber, dass es sich um eine Ostereier-Suche handelt – was wiederum die meisten Menschen erkennen würden.

Typischerweise haben Maschinenlernen-Projekte eine eher eng gesteckte Aufgabenstellung, für die es eine Antwort zu finden gilt. Unterschiedliche Aufgabenstellungen erfordern unterschiedliche Vorgehensweisen und möglicherweise auch andere Algorithmen.

Maschinelles Lernen ist in dieser Größenordnung erst möglich geworden aufgrund der Datenmengen, die wir in den vergangenen Jahren gesammelt haben. Diese „Big Data"-Revolution hat komplexes Algorithmustraining erst ermöglicht. Daten sind der Kern beim Anpassen jedes Maschinenlernen-Algorithmus, um richtige Antworten zu finden.

Weil die Daten von so zentraler Bedeutung für das maschinelle Lernen sind, wirken sich die Eingaben unmittelbar die Resultate aus. Wenn die Daten schon eine Tendenz oder Voreingenommenheit beinhalten, dann wird auch der Lernalgorithmus voreingenommen sein. Zum Beispiel beinhalten Systeme, die Bewerber beurteilen, Gerichtsurteile vorhersagen oder medizinische Diagnosen unterstützen, maschinelles Lernen. Sie alle haben einen gewissen Grad von kulturellen, geschlechtsspezifischen, ethnischen, bildungsbezogenen oder anderen Verzerrungen in die Datensätze eingebaut, durch die sie trainiert werden.

Solche Verzerrungen in den Daten können sich schlimmer auswirken als Vorurteile. Manchmal können Daten die Algorithmen auch ganz anders in die Irre führen. Nehmen wir den Fall eines militärischen maschinellen Lernmodells, das darauf trainiert wurde, getarnte Panzer in einem Wald zu erkennen. Die Datenwissenschaftler trainierten den Algorithmus mit einem Satz von Bildern, von denen die einen Panzer zwischen den Bäumen enthielten und die anderen nur Bäume zeigten. Nach erfolgtem Training konnte der Algorithmus nahezu perfekte Testergebnisse erzielen. Aber als dieses Modell dann in Betrieb genommen wurde, funktionierte das Entdecken von Panzern überhaupt nicht. Es stellte sich heraus, dass die für das Training verwendeten Bilder mit Panzern an einem sonnigen Tag aufgenommen worden waren und die, die nur Bäume zeigten, an einem bewölkten Tag. Der

Algorithmus hatte dadurch nur gelernt, sonnige von bewölkten Tagen zu unterscheiden, aber nicht, Panzer zu entdecken!

Kein Datenpaket ist je perfekt, aber wir können Vorsichtsmaßnahmen treffen, damit die Daten weniger verzerrt sind. Die wichtigsten Maßnahmen dafür stammen aus der Statistik. Die Daten sollten nach Möglichkeit eine Zufallsstichprobe aus der Gesamtheit sein. Die Stichprobengröße sollte so groß sein, dass man aus den Ergebnissen zuverlässig aussagekräftige Schlussfolgerungen ziehen kann. Die Daten sollten sorgfältig beschriftet und von schlechten bzw. außergewöhnlichen Datenpunkten bereinigt werden, die den Algorithmus in die Irre führen könnten.

Es gibt ein ganzes Kapitel über Daten, in dem wir diese Fragen eingehender untersuchen werden.

3. DIE ALGORITHMEN

Algorithmen sind die zentralen Komponenten, an die man denkt, wenn es um maschinelles Lernen geht. Sie sind der eigentliche Code, der dem Computer sagt, wonach er suchen soll und wie er seine Gewichtung der möglichen Antworten auf Basis der eigegebenen Antworten anpassen soll.

Es gibt jetzt schon viele gut bewährte Algorithmen für maschinelles Lernen. Etliche davon kann man sich aus entsprechenden Code-Bibliotheken vorgefertigt herunterladen. Man kann sich ein einfaches Modell für maschinelles Lernen ganz einfach durch das Testen mehrerer vorgefertigter Algorithmen erstellen, um zu sehen, welcher am besten zu den Daten passt. Jedes Modell hat dabei eigene Stärken und Schwächen, seine Architektur und seinen individuellen Ansatz zur Gewichtung der Ergebnisse.

Wenn Sie ein Programmierer sind und mit dem Gedanken spielen, in die Welt des maschinellen Lernens einzusteigen, machen Sie bloß nicht den Fehler, Algorithmen von Grund auf selbst zu entwickeln. Natürlich muss ein Experte für maschinelles Lernen auch irgendwann selbst in der Lage sein, einen Algorithmus zu schreiben. Aber die existierenden Algorithmen sind bereits Industrie-Standard und funktionieren bei mehr als 80 % der Aufgabenstellungen. Um einen Algorithmus von Grund auf selbst zu schreiben, benötigt man erhebliche Kenntnisse in Mathematik, in Theorie und im Codieren. Es folgt noch ein ganzes Kapitel zu

Algorithmen und wie sie funktionieren, denn sie sind der Schlüssel zu jedem funktionierenden Modell.

4. DAS TRAINING

Beim Trainieren eines Algorithmus auf ein Datenpaket passiert die eigentliche Meisterleistung. An dieser Stelle findet das eigentliche Lernen statt. Und dann wird es auch ressourcenintensiv. Wenn man etwas sehr Komplexes machen oder einen Algorithmus auf riesige Datenmengen trainieren möchte, dann kann das viel Zeit und enorme Rechenleistung in Anspruch nehmen.

Beim Training gibt es im Allgemeinen auch einen abnehmenden Grenznutzen. Wenn die Aufgabenstellung eine Ja/Nein-Frage ist, dann kann man in der Regel eine 80-prozentige Genauigkeit schon mit nur wenig Training erreichen. Um auf 90 % zu kommen, benötigt man schon viel länger und noch einmal mehr, um 95 % zu erreichen. Für jeden weiteren Prozentpunkt benötigt man immer mehr Training und Daten. Die Feinabstimmung eines Algorithmus auf seine Genauigkeit hin ist eine der Hauptaufgaben des Datenwissenschaftlers.

In der Regel ist das Training für maschinelles Lernen statisch. Das bedeutet, dass Sie das Modell nicht in Echtzeit trainieren können. Das wiederum bedeutet, dass sich das Modell entweder im Training oder im laufenden Betrieb befindet. Mit längerem Einsatz im eigentlichen Betrieb wird das Modell nicht besser. Um das Modell zu verbessern, muss man es erneut anlernen.

Es ist jedoch auch möglich, ein Modell dynamisch zu trainieren. Allerdings sind diese Anwendungen in ihrer Implementierung viel schwieriger und teurer. Und man muss die Echtzeitdaten, mit denen der Algorithmus versorgt wird, ständig überwachen. Der Vorteil ist natürlich, dass das Modell auf aktuell eingehende Daten reagiert und nicht mit der Zeit veraltet.

Ein weiteres Problem besteht darin, dass der Algorithmus während der Trainingsphase nach Korrelation und nicht nach Kausalität sucht. Das oben erwähnte militärische Panzer-Erkennungssystem ist ein klassisches Beispiel dafür. Dieser Algorithmus kam zu der Auffassung, dass bewölkte Tage mit dem richtigen Ergebnis zusammenhingen. Das Training lehrt den Algorithmus, nach dem richtigen Ergebnis zu suchen, auch zulasten der tatsächlichen Ursachen. Das ist dann gut, wenn das maschinelle Lernen eine mit den richtigen Ergebnissen zusammenhängende Variable findet, an die wir vorher gar nicht gedacht hatten. Aber wenn sich diese Korrelation als ein falsches Positiv herausstellt, dann ist das natürlich schlecht.

Es gibt später in diesem Buch noch ein vollständiges Kapitel über Algorithmustraining, in diesem Kapitel hier gibt es für den Einstieg nur einen Überblick über die grundlegenden Konzepte.

5. DIE ERGEBNISSE

Dieser letzte Schritt des maschinellen Lernens wird oft vernachlässigt: die Präsentation der Ergebnisse. Das Ziel des maschinellen Lernens ist es ja, wertvolle Informationen für Menschen zu gewinnen. Der Datenexperte muss an dieser Stelle viel Aufwand betreiben, den Zusammenhang, die Aufgabenstellung und den Lösungsweg der Maschinenlernen-Applikation zu erklären. Und davon abgesehen zu erklären, wie und warum dieses Modell funktioniert, muss er die Ergebnisse auch so darstellen können, dass diese für seine Zielgruppe nachvollziehbar sind.

Im Falle des Spam-Filters von Google Mail bedeutet das, den Spam-reduzierenden Wert des maschinellen Lernfilters zu demonstrieren und das Modell in die Google-Mail-Plattform zu integrieren. Bei den Amazon-Produktempfehlungen muss das Modell in der realen Welt getestet werden.

Beim Vorbereiten der Resultate für die Anwendung in der realen Welt entdeckt man oft, dass noch etwas im ursprünglichen Modell fehlt, sodass Maschinenlernen-Projekte meistens ein iterativer Prozess sind, bei dem immer mehr Funktionalität hinzugefügt und verschiedene Modelle kombiniert werden, bis die optimalen Resultate erzielt werden.

ÜBERWACHTES VS. UNÜBERWACHTES LERNEN

Maschinelles Lernen kann überwacht, unüberwacht oder halbüberwacht stattfinden. Die jeweilige Kategorie ergibt sich daraus, welche Daten zur Verfügung stehen und welche Ziele man damit erreichen möchte.

Überwachtes maschinelles Lernen

Der Computer bekommt Beispiele für Eingaben und typische Ausgaben und das Ergebnis wird für weitere Verfeinerungen verwendet. Zum Beispiel wird ein Computer darauf trainiert, ähnliche Dinge zu erkennen und zu klassifizieren.

Unüberwachtes maschinelles Lernen

Unüberwachtes Lernen ist wie Lernen ohne einen Lehrer. Der Computer lernt dadurch selbst, dass er die Daten erforscht und selbst Strukturen und Muster erkennt, z.B. dass er Muster im Einkaufsverhalten von Kunden findet.

ÜBERWACHTES LERNEN

Überwachtes Lernen ist der am weitesten verbreitete und auch der bestverstandene Ansatz beim Maschinenlernen. Für jeden einzelnen Datensatz gibt es dabei Eingabe und Ausgabe. Zum Beispiel könnte die Eingabe ein Bild sein und die Ausgabe die Antwort auf die Frage: „Ist das eine Katze?"

Beim überwachten Lernen benötigt der Algorithmus zum Lernen Trainingsdaten, die mit den richtigen Antworten beschriftet sind. Diese Beschriftungen sind sozusagen der Lehrer, der das Lernen überwacht. Wenn der Algorithmus eine Vermutung darüber anstellt, ob eine Katze im Bild enthalten ist oder nicht, dann hilft das Feedback des Lehrers (die Beschriftungen) dem Modell, sich selbst zu verbessern. Der Lernprozess ist dann beendet, wenn das Modell ein annehmbares Genauigkeitsniveau erreicht hat oder wenn es keine weiteren beschrifteten Trainingsdaten mehr gibt.

Überwachtes Lernen funktioniert sehr gut für Aufgabenstellungen, bei denen das Modell Vorhersagen treffen soll. Diese Vorhersagen können mithilfe von Statistik konkrete Werte sein (z. B. 20 kg, $ 1,498, 0,08 cm) oder es kann darum gehen, Daten anhand von einer vorgegebenen Klassifizierung zu kategorisieren (z. B. „Katze", „grün", „glücklich").

UNÜBERWACHTES LERNEN

Wir verwenden den Begriff unüberwachtes Lernen, wenn die Trainingsdaten keine Informationen über die korrekte Antwort enthalten. Stattdessen ermöglichen wir es dem Algorithmus, seine eigenen Schlussfolgerungen zu ziehen, indem er die Daten untereinander vergleicht. In diesem Fall geht es darum, etwas über die zugrunde liegende Struktur oder die Verteilung der Daten herauszufinden.

Man kann unüberwachtes Lernen für Clustering-(Gruppierungs-)Aufgaben verwenden, bei dem einander ähnliche Daten in Cluster aufgeteilt werden. Außerdem können wir dieses Vorgehen auf Zuordnungsaufgaben

anwenden, um herauszufinden, welche Variablen
miteinander korrelieren.

HALBÜBERWACHTES LERNEN

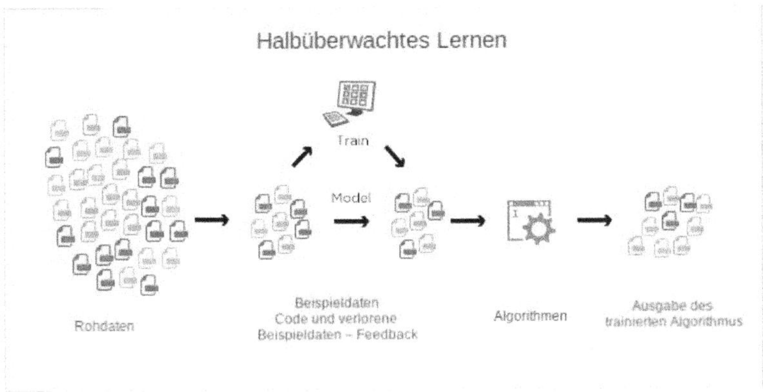

In vielen Fällen ist nur ein Teil der Datensätze
beschriftet, hier kommt dann halbüberwachtes Lernen
ins Spiel.

Wenn ein Großteil der Daten nicht beschriftet ist, was in
der Regel auf die Kosten für die Einstellung von Personal
zur Beschriftung der Daten zurückzuführen ist, können
wir dennoch eine Kombination aus überwachten und
unüberwachten Techniken verwenden, um Erkenntnisse
aus den Daten zu ziehen.

Das unüberwachte Lernen kann uns helfen, die Struktur
und Verteilung der Daten zu verstehen. Dann können wir
ein paar Beschriftungen zum überwachten Lernen
verwenden. Wenn wir danach diese etikettierten
Datensätze auf die restlichen Daten anwenden, dann

können wir die Ergebnisse davon wiederum als Trainingsdaten für ein neues Modell verwenden.

WELCHE PROBLEME KANN MAN MIT MASCHINELLEM LERNEN LÖSEN?

Betrachten wir jetzt einmal einige Beispielprobleme, für die wir maschinelles Lernen anwenden können:

- Kunden, die x gekauft haben, kaufen wahrscheinlich auch y.
- Betrugserkennung auf Basis von historischen Daten
- Aktienvorhersage und automatisierter Handel
- Erkennung von Krankheiten in medizinischen Bildern
- Spracherkennung für Sprachsteuerungen
- Vorhersage von Weinverkostungsbewertungen auf der Grundlage von Weinbergs- und Klimadaten
- Vorhersage des Geschmacks von Musik oder Fernsehshows (Spotify, Netflix)
- Kombinatorische Chemie zur Erfindung neuer Medikamente
- Wartungsdiagnose von Flugzeugen
- Erkennen von Emotionen zur Prävention vor Eskalationen bei Kunden-Supportanrufen
- Selbstfahrende Autos (Erkennung von Objekten auf der Straße)
- Gesichtserkennung

- Mikromarketing und -werbung auf Grundlage demografischer Daten
- Wettervorhersage auf Grundlage früherer Muster

Grundsätzlich ist jede Anwendung, die auf Klassifizierung, Vorhersage oder Erkennung von Auffälligkeiten in großen Datenmengen basiert, eine potenzielle Anwendung für maschinelles Lernen. Das maschinelle Lernen hält rasant Einzug in jeden Bereich unseres Lebens und wird in den kommenden Jahren zu einer grundlegenden Technologie in der Gesellschaft werden, gewissermaßen wie es heute schon das Internet ist.

DIE BLACK BOX: WAS WIR NICHT ÜBER MASCHINELLES LERNEN WISSEN

Man liest in Bezug auf maschinelles Lernen, insbesondere bei neuronalen Netzen und „Deep Learning" (mehrschichtiges Lernen) meistens, dass es sich hier um ein „Black Box"-Modell handelt. Das bedeutet, dass nicht bekannt ist, was im Inneren dieses Modells geschieht. Das menschliche Gehirn ist zum Beispiel ein Black-Box-Entscheidungsträger (zumindest noch zum jetzigen Zeitpunkt). Man weiß, dass bestimmte Areale des Gehirns für bestimmte lebenswichtige Körperfunktionen zuständig sind. Was wir aber nicht wirklich verstehen, ist, wie das Gehirn Eingangssignale (Sehen, Hören etc.) verarbeitet und Signale aussendet, um daraus Gedanken und Aktivitäten (Ausgaben) zu generieren.

Eine vergleichbare Komplexität gilt auch für einige Algorithmen des maschinellen Lernens, insbesondere für solche, die mehrere Schichten von neuronalen Knoten oder komplexe Beziehungen zwischen vielen Variablen beinhalten. Es kann schwierig sein, das, was der Algorithmus tut und warum er funktioniert, so zu erklären, dass ein Mensch es verstehen kann.

Natürlich ist die Bezeichnung „Black Box" im maschinellen Lernen nicht ganz richtig, denn wir können schon die Architektur, Muster und Gewichtungen der einzelnen Neuronen in einem Algorithmus verstehen. So gesehen können wir schon in diese „Black Box" hineinsehen, aber das, was wir da sehen, ist für uns Menschen möglicherweise nicht wirklich nachvollziehbar.

Nicht einmal die führenden Experten der Welt können erklären, warum ein bestimmtes Modell unterschiedliche Faktoren auf eine bestimmte Art und

Weise gewichtet und kombiniert hat. Das Modell hängt auch stark von den Daten ab, mit denen es angelernt worden ist. Es ist durchaus möglich, dass ein Algorithmus, der auf einem anderen Trainingsdatensatz trainiert wurde, ein völlig anderes Modell erstellt, das dann aber trotzdem vergleichbare Ergebnisse erzeugt.

Zur Verdeutlichung hilft es, sich die Algorithmen des maschinellen Lernens (in überwachten Lernszenarien) so vorzustellen, dass sie nach einer Funktion suchen, bei der f(Eingabe) = Output ist.

Wenn wir so eine Funktion mit maschinellem Lernen modellieren, dann ist sie in der Regel sehr unübersichtlich und komplex. Wir verstehen möglicherweise nicht vollumfänglich alle relevanten Eigenschaften der Funktion. Beim maschinellen Lernen können wir zwar genau sagen, was diese Funktion ist, aber wir sind möglicherweise nicht in der Lage zu verstehen, was diese Funktion tut oder warum sie es tut.

So gesehen haben Modelle des maschinellen Lernens Black-Box-Probleme, wenn sie zu komplex sind, um sie noch verstehen zu können. Aber nicht der gesamte Bereich des maschinellen Lernens ist zwangsläufig eine Black Box.

Trotzdem ist die Tatsache, dass wir die Ergebnisse des maschinellen Lernens manchmal nicht verstehen und erklären können, beunruhigend. So schnell, wie die Akzeptanz dieser Technologie zunimmt, dringt das maschinelle Lernen auch in Teile unseres Lebens vor, die tiefgreifende und nachhaltige Folgen haben. Wenn eine Black Box medizinische Behandlungspläne erstellt, den Autopiloten eines Flugzeugs steuert oder Gefängnisstrafen festlegt, wie wollen wir dann sicher sein, dass wir auch verstehen, wie diese Entscheidungen getroffen werden? Oder vertrauen wir den Maschinen und den Wissenschaftlern hinter den Algorithmen, dass sie in unserem besten Interesse handeln?

Dies ist eine fortlaufende Diskussion im Zentrum der Revolution des maschinellen Lernens. Einerseits könnte das Vertrauen in die Algorithmen und Modelle zur Rettung von Leben, zu mehr Wohlstand und zu wissenschaftlichen Errungenschaften führen. Allerdings ist der Mangel an Transparenz ernst zu nehmen. Wir werden nicht mit absoluter Sicherheit in der Lage sein zu sagen, warum unsere Vorhersagen richtig sind, sondern nur, dass der Algorithmus glaubt, dass die Vorhersagen mit einer Wahrscheinlichkeit von 97,2 %richtig sind.

Ich habe dafür leider auch keine abschließende Antwort. Sie werden sich Ihre eigene Meinung bilden müssen, und zwar auf der Grundlage der Vor- und Nachteile, die Sie in diesem Buch und bei anderweitiger Lektüre zum maschinellen Lernen erfahren. Für weiterführende Informationen zu diesem Problem empfehle ich Ihnen den Artikel „The Dark Secret at the Heart of AI" vom MIT Technology Review (im Internet verfügbar).

TIEFERER EINSTIEG

Ich hoffe, dass Ihnen dieses Kapitel einen leicht verständlichen, breit gefassten Überblick darüber gegeben hat, wie die Dinge zusammenhängen und was Sie in den folgenden Kapiteln erwartet, in denen wir tiefer in das Einmaleins des maschinellen Lernens einsteigen werden.

Kapitel 2. Bereinigung, Beschriftung und Pflegen von Daten

Nachdem ein Datenwissenschaftler das Problem definiert hat, das er lösen möchte, besteht der erste Schritt in jedem Projekt des maschinellen Lernens darin, geeignete Daten zu finden. Das kann schwieriger sein, als es auf den ersten Blick aussieht. Obwohl wir zweifellos in einem Zeitalter großer Datenmengen leben, kann es eine echte Herausforderung sein, einwandfreie und gut beschriftete Daten zu finden, die für die benötigten Variablen geeignet sind.

Die richtigen Daten in ausreichender Menge für das Training zur Verfügung zu haben, ist entscheidend für den Erfolg eines maschinellen Lernprojekts. Daten, die unausgewogen oder unvollständig sind, können dazu führen, dass das Modell des maschinellen Lernens verzerrt ist oder schlicht völlig unbrauchbar.

Das Gute aber ist, dass es ein großes Potenzial von Daten gibt. Wenn ein Datenwissenschaftler für ein Unternehmen tätig wird, hat das Unternehmen in der Regel bereits Daten, die analysiert werden sollen. Diese Unternehmensdaten müssen möglicherweise noch mit Daten aus öffentlichen Quellen verknüpft werden.

Beispielsweise werden die Bilder der „Landsat"-Satelliten täglich über die Amazon Web-Services aktualisiert. Damit könnten Sie die Bauaktivitäten oder die Abholzung des Regenwaldes mit einem Algorithmus für maschinelles Lernen verfolgen. Auf Grundlage des Open-Source-Mapping von „OpenStreetMap" könnten Sie eine Kunden-Zuordnungsanwendung erstellen. Informationen aus der amerikanischen Volkszählung können demografische Informationen über eine bestimmte Gegend liefern. Sequenzierte menschliche Genome sind abrufbar, um genetische Variationen zu untersuchen. Die Deutsche Bank veröffentlicht Echtzeit-Finanzmarktdaten, aus denen man ein maschinelles Lernprojekt über Markttrends erstellen könnte.

Es gibt keinen Mangel an möglichen Projekten. Doch bevor all diese Daten verwendet werden, müssen sich die Datenwissenschaftler sicher sein, dass einige Kriterien erfüllt sind.

DATENBEREINIGUNG

Dies ist ziemlich unkompliziert, aber wenn man schlechte Daten nicht entfernt, dann wird das die Leistungsfähigkeit des Modells beeinträchtigen. Der erste Schritt zur Bereinigung eines Datensatzes ist das Entfernen aller Datensätze, bei denen wesentliche Variablen fehlen. Dann nutzen die Forscher einfache statistische Methoden, um Ausreißer zu identifizieren und zu entfernen. Zu den weiteren Daten, die von den Wissenschaftlern oft entfernt werden, gehören alle Fälle, in denen mehrere Spalten stark korreliert sind. Das gilt auch für Variablen, bei denen der gesamte Datensatz eine Varianz nahe null aufweist.

Diese Datenbereinigung verringert eine große Datenmenge oft auf einen Bruchteil der ursprünglichen Größe, die dann wirklich für das maschinelle Lernen geeignet ist.

GROẞE DATENSÄTZE FÜR ML ERFORDERLICH

Einfache Algorithmen können auch auf Grundlage einer kleinen Datenmenge lernen. Wenn Sie jedoch eine komplexe Aufgabenstellung mit maschinellem Lernen lösen möchten, benötigen Sie einen großen Schulungsdatensatz. Dafür gibt es mehrere Gründe.

Kleine Datenmengen können beim maschinellen Lernen für Modelle mit geringer Komplexität erfolgreich eingesetzt werden. Aber je nuancierter Ihre Ergebnisse sein sollen, desto wahrscheinlicher ist es, dass Sie das Modell zu stark an die Daten anpassen.

Eine Überanpassung („overfitting") liegt vor, wenn das Modell auf der Grundlage begrenzter Datenmengen allgemeine Annahmen trifft. Es wird deshalb als Überanpassung bezeichnet, weil das Modell hin zu hohen, niedrigen oder anderweitig abgelegenen Datenpunkten tendiert. Die richtige Antwort würde wohl eher näher an der Mitte liegen, aber da Ihr Datensatz begrenzt war, wird das Modell zu einer verzerrten

Aussage kommen. Im Grunde hat das Modell die Trainingsdaten zu gut gelernt und es ist ihm nicht gelungen, ein Gesamtbild zu erfassen.

Mit mehr Daten kann das Modell genauere statistische Werte ermitteln und damit das „Rauschen" in den Daten sortieren. Das klingt logisch, aber wie entscheiden Datenwissenschaftler, wie viele Daten genug sind?

Nun, die Antwort darauf hängt zum Teil von statistischen Berechnungen ab, zum anderen aber auch von der verfügbaren Rechenleistung und der Komplexität des Algorithmus.

LERNKURVEN

Wenn Datenwissenschaftler über zu viele Daten verfügen, verwenden sie eine sogenannte Lernkurve, um die Vorhersagegenauigkeit im Vergleich zur Größe der Trainingsdaten abzubilden. Beispielsweise kann der Algorithmus nach 100 Trainingsstichproben eine Genauigkeit von 80 % und nach 200 Stichproben eine Genauigkeit von 90 % erreichen. Datenwissenschaftler können diese Kurve verfolgen, um zu sehen, wo die Genauigkeit am höchsten ist und wie viele Stichproben sie dafür benötigen.

KREUZ-VALIDIERUNG

Die Kreuzvalidierung ist eine weitere Möglichkeit herauszufinden, ob Sie über genügend Daten verfügen. Dabei legen die Datenwissenschaftler zusätzlich zu den eigentlichen Trainingsdaten einen Teil der Originaldaten beiseite, um zu testen, ob der Algorithmus erfolgreich ist. Ein gängiges Schema ist zum Beispiel die 10-fache Kreuzvalidierung. Die Originaldaten werden dazu in 10 gleiche Gruppen aufgeteilt. Eine Gruppe wird beiseitegelegt und die Datenwissenschaftler trainieren das Modell mit den verbleibenden neun Gruppen. Wenn das Training des Modells abgeschlossen ist, führen sie das Modell mit den zuvor beiseitegelegten Daten aus, um zu testen, wie präzise es funktioniert.

Die Kreuzvalidierung ist zeitaufwendiger, da man die Modelle trainieren und ausführen muss, wobei oft mehrere Algorithmen miteinander verglichen werden, um festzustellen, welcher am besten funktioniert. Der zusätzliche Aufwand lohnt sich jedoch. Die Kreuzvalidierung ist für den Aufbau eines erfolgreichen Modells für maschinelles Lernen unerlässlich, da sie den Forschern ermöglicht, Fehler im Entwicklungsprozess frühzeitig zu erkennen und zu korrigieren.

DIE DATEN MÜSSEN GUT BESCHRIFTET SEIN

Für unbeaufsichtigtes Lernen brauchen Sie nur eine entsprechend geeignete, große Datenmenge. Daraus kann man bestimmte Schlussfolgerungen über Trends oder „Cluster" (Häufungen) in den Daten ziehen. Unüberwachte Lernanwendungen sind jedoch sehr begrenzt in Bezug auf die Art der Schlussfolgerungen, die Sie ziehen können. Für die meisten Anwendungen des maschinellen Lernens, bei denen Sie Eingabevariablen zur Vorhersage eines Ergebnisses verwenden möchten, müssen Sie auf überwachtes Lernen zurückgreifen.

Das beaufsichtigte Lernen erfordert eine Datenmenge, die mit den richtigen Antworten „beschriftet" ist. Einfach gesagt trifft der Algorithmus eine Vermutung über das richtige Ergebnis und verwendet die Beschriftung, um seine eigene Antwort zu überprüfen. Wenn die Antwort richtig war, dann wird der Algorithmus den Faktoren, die zur richtigen Antwort beigetragen haben, in Zukunft eine stärkere Gewichtung geben. Wenn die Antwort falsch war, dann wird er die Gewichtung dieser Faktoren reduzieren und anderweitige Anpassungen vornehmen.

Das Problem dabei ist, dass die meisten Daten nicht beschriftet sind. Unternehmen und Regierungen sammeln jedes Jahr enorme Datenmengen, aber leider werden mit diesen Daten keine Antworten mitgeliefert. (Wenn das so wäre, gäbe es nicht viel Bedarf für maschinelles Lernen oder prädiktive Statistiken.) Bevor wir einen Algorithmus für überwachtes Lernen trainieren können, müssen wir den Rohdaten Beschriftungen hinzufügen.

Zum Beispiel könnte in der Bilderkennung ein Algorithmus benötigt werden, um Stoppschilder zu erkennen. Wir haben möglicherweise viele Bilder verfügbar, aber wir müssen sie alle einzeln durchgehen und beschriften, ob in dem jeweiligen Bild ein Stoppschild vorhanden ist oder nicht.

Das Beschriften der Daten kann einer der teuersten und zeitaufwendigsten Aspekte beim Training eines Algorithmus für maschinelles Lernen sein. Es besteht außerdem das Risiko, dass schlechte oder ungenaue Beschriftungen die Trainingsdaten verzerren und so das gesamte Projekt gefährden.

Wenn die Daten nicht bereits mit Beschriftungen versehen sind, gibt es grundsätzlich zwei Möglichkeiten, um diese Beschriftungen hinzuzufügen.

VON MENSCHEN BESCHRIFTETE DATEN

Häufig verwenden wir maschinelles Lernen, um Computern Tätigkeiten beizubringen, die wir Menschen selbst intuitiv gut beherrschen. Ein gutes Beispiel dafür ist das Stoppschild. Wenn wir eine achteckige, rote Form mit dem Wort „STOP" darin sehen, dann wissen wir sofort, was wir da vor uns haben. Unsere Gehirne verstehen einen solchen Zusammenhang sehr gut. Selbst wenn wir nicht das gesamte Schild sehen können, selbst wenn es mit Graffiti beschmiert oder in einem ungünstigen Winkel aufgenommen ist, erkennen wir trotzdem darin ein Stoppschild. Maschinen können das nicht so intuitiv tun.

Daher ist es meistens am besten, wenn Menschen die Datensätze beschriften. Datenwissenschaftler beschäftigen echte Menschen, die sich die Datensätze genau ansehen und die Arbeit tun, die der Computer letztlich lernen wird. Dabei kann es sich um das Erkennen von Stoppschildern auf Fotos handeln, das

Abschätzen von Entfernungen, das Lesen von Wörtern, das Erkennen von Gesichtsausdrücken, das Auswerten von Karten, oder es geht sogar um ästhetische oder ethische Beurteilungen. Die Aufgabe der Datenbeschriftung könnte in der KI-Ära die neuen Massenarbeitsplätze erschaffen. Der Bedarf an Beschriftern wird sehr groß sein, da jede neue ML-Anwendung entsprechende Schulungsdaten benötigt.

Menschliche Etikettierer beherrschen diese Aufgabe zwar sehr gut, aber sie sind im Vergleich zu Computern sehr langsam. Menschen für das Etikettieren von Daten zu bezahlen, ist sehr teuer, dadurch werden manche Projekte unrentabel. Wie bereits erwähnt, sind auch Menschen voreingenommen. Wenn ein Etikettierer oder eine Gruppe von Etikettierern voreingenommen ist, dann wird sich diese Voreingenommenheit wahrscheinlich auch im endgültigen Modell niederschlagen.

Ein weiterer Aspekt dabei ist, dass Menschen in manchen Bereichen nicht sehr gut im Beschriften sind. Sie können sich irren oder voreilige Schlussfolgerungen ziehen. Als Menschen sind wir uns in unserer eigenen Wahrnehmung oft zu selbstsicher, was manchmal auf Kosten der objektiven Wahrheit geht. Wenn wir maschinelles Lernen in anspruchsvolleren Anwendungsfällen einsetzen, sind das alles Überlegungen, die wir dabei in Betracht ziehen müssen.

Aber unter dem Strich sind Menschen immer noch die besten Datenbeschrifter, die es gibt. Inzwischen gibt es jedoch Bestrebungen, Computer auch mit Beschriftungsaufgaben zu betrauen.

Die Generierung synthetischer Daten ist ein neuer Tätigkeitsbereich im maschinellen Lernen. Die grundsätzliche Idee besteht darin, mithilfe eines Computers von Grund auf neue beschriftete Datensätze zu generieren.

Nehmen wir zum Beispiel unser Stoppschild-Problem. Wir könnten ein Stoppschild mit einem 3-D-Grafikprogramm modellieren. Dann könnten wir Bilder dieses Computer-Stoppschildes mit verschiedenen Hintergründen, Blickwinkeln und Lichtverhältnissen rendern. Der resultierende Datensatz hätte eine große Menge von Varianten, die wir bereits beherrschen, denn die Bilder sind ja bereits entsprechend beschriftet, je nachdem, ob ein Stoppschild in dem gerenderten Bild enthalten ist oder nicht.

Dieser Ansatz ist insofern interessant, weil wir dadurch sehr schnell große und komplexe Datenmengen erstellen können. Diese werden vorbeschriftet und formatiert in einen Algorithmus eingespeist. Wir wissen dabei, dass die Beschriftungen objektiv korrekt sind, und so kann man dann verschiedene Variablen in den synthetischen Datensätzen mit hoher Präzision messen.

Natürlich gibt es auch hier Nachteile. Die größte Herausforderung ist dabei der Wissens-Transfer. Diese computergenerierten Bilder und andere Arten von synthetischen Daten müssen ja mit der realen Welt übereinstimmen. Letztendlich ist es das Ziel, dass das Modell des maschinellen Lernens auch in der realen Welt funktioniert. Dabei besteht die Gefahr, dass das Modell zwar die computergenerierten Stoppschilder sehr gut erkennt, aber nicht die echten. Dieser Wissens-Transfer ist eine große Herausforderung für die Befürworter von synthetischen Daten.

Synthetische Daten sind auch nicht unbedingt billiger als die von Menschen etikettierten Daten. Die Erstellung von synthetischen Daten erfordert zudem ein hohes Maß an Fachwissen. Die Bezahlung solcher Experten wäre zunächst eine erhebliche Investition. Ein solcher Ansatz macht in der Regel nur dann Sinn, wenn man Tausende von Datensätzen benötigt, denn die Erzeugung von synthetischen Daten ist beliebig skalierbar.

Und schlussendlich können synthetische Daten uns auch nicht bei den Beschriftungen helfen, die ohnehin nur von Menschen vorgenommen werden können, wie z. B. im Bereich von Ästhetik oder Ethik. Letztlich arbeitet man beim überwachten Lernen üblicherweise mit einer Kombination aus synthetischen und von Menschen beschrifteten Daten.

Kapitel 3. Auswählen oder Schreiben eines ML-Algorithmus

Die Algorithmen des maschinellen Lernens basieren auf komplexer Statistik und höherer Mathematik. Um ML-Algorithmen wirklich verstehen zu können, muss man sich mit überwachtem und unüberwachtem Lernen, topologischer Datenanalyse, Optimierungsmethoden, Strategien zur Reduzierung der Dimensionen, rechnergestützter Differenzialgeometrie und Differenzialgleichungen befassen. Deshalb ist dieses Kapitel vielleicht etwas unübersichtlich. Da dies jedoch ein Buch für Anfänger ist und ich selbst auch keineswegs ein Experte für ML-Algorithmen bin, werde ich die Mathematik beiseitelassen und versuchen, diese Dinge so einfach wie möglich zu erklären.

Es gibt ganze Doktorandenprogramme zum Thema Algorithmen des maschinellen Lernens. Man benötigt Jahre, um ein Experte auf diesem Gebiet zu werden, deshalb ist es ohnehin nicht möglich, das alles in einem Kapitel zu erklären. Wenn der Inhalt dieses Kapitels für Sie interessant ist, könnte sich eine Doktorarbeit auf dem Gebiet des maschinellen Lernens außerordentlich lohnen. Technologieunternehmen umwerben diese Experten und bieten ihnen Jahresgehälter von 300.000 bis 600.000 US-Dollar an, damit sie für sie Algorithmen für die neuesten und besten Anwendungen des maschinellen Lernens schreiben.

Ich habe keinen Doktortitel in maschinellem Lernen, und wenn Sie dieses Buch lesen, sind Sie vermutlich noch Anfänger auf diesem Gebiet. Lassen Sie uns also einen Blick auf die grundlegendsten Funktionen eines Algorithmus für maschinelles Lernen werfen, ohne dabei auf die höhere Mathematik einzugehen.

Grundlegende Konzepte

Wir haben bereits die Grundlagen der Funktionsweise des maschinellen Lernens behandelt. Nun wollen wir ein wenig tiefer gehen und untersuchen, was so ein Algorithmus genau mit den Daten macht. Jeder Algorithmus ist anders, aber es gibt einige Gemeinsamkeiten:

- Eingaben. Jeder Algorithmus benötigt Eingabedaten. Theoretisch könnte das nur eine einzige Variable sein, aber üblicherweise lernt ein Modell für eine datenwissenschaftliche Anwendung die Beziehung zwischen Dutzenden, Hunderten oder sogar Tausenden von Variablen.

  Bei komplexeren Anwendungen wie z. B. der Bilderkennung müssen wir eine Möglichkeit finden, um visuelle Informationen in Variablen umzuwandeln, die der Computer verstehen kann. Je nach Zusammenhang und Aufgabe, die man zu lösen versucht, gibt es unterschiedliche Ansätze. Schon die Eingabe von Daten in einen Algorithmus kann kompliziert sein, bevor die

Maschine überhaupt mit dem Lernen beginnen kann.

Welchen Algorithmus man aussucht oder selbst erstellt, hängt stark von den Eingabedaten und dem Gesamtzusammenhang ab.

- Ausgabevektoren. Am Ende eines jeden maschinellen Lernprojekts soll eine Ausgabe stehen. Es ist jedoch nicht immer offensichtlich, welche Ausgabedaten man genau benötigt, um die Anforderungen an das Projekt zu erfüllen. Die Auswahl der Ausgabevektoren kann komplizierter sein, als es auf den ersten Blick scheint.

  Natürlich wird bei vielen Projekten die Ausgabe je nach Ihren Zielvorgaben offensichtlich sein. Da das maschinelle Lernen jedoch in Bereiche vordringt, die differenzierter und uneindeutiger sind, kann die Auswahl und Koordination der Ausgaben schon eine Aufgabe für sich sein. Wenn Sie keine klare Vorstellung von Ihrem gewünschten Endergebnis haben, können Sie auch nicht den richtigen Algorithmus für Ihr Projekt auswählen.

- Justierung. Algorithmen für maschinelles Lernen verwenden Rückkopplungsschleifen, um ein Modell an die Daten anzupassen. Dafür gibt es unterschiedliche Möglichkeiten. Manchmal probiert ein Algorithmus eine zufällige Kombination von Faktoren so lange aus, bis eine davon funktioniert. Diese Kombination wird dann in zukünftigen Trainingsversuchen höher gewichtet. Oder der Algorithmus hat eine Methode eingebaut, um einen Trend in den Daten zu finden und sich im Laufe der Zeit mehr und mehr darauf einzustellen.

Hier müssen Datenwissenschaftler sehr vorsichtig sein. Manchmal stellt sich ein Algorithmus nämlich zu gut auf seine Trainingsdaten ein. Das bedeutet, dass das Modell zu sehr spezialisiert auf die Daten ist, mit denen es trainiert worden ist, und dadurch nicht mehr generelle Trends oder Klassifikationen in der realen Welt vorhersagen kann. Im Grunde hat der Algorithmus dann seine Trainingsdaten zu gut gelernt. Das nennt man dann Überanpassung. Es ist sehr wichtig, diesen Aspekt beim maschinellen Lernen zu kennen. Es ist eine Gratwanderung für Datenwissenschaftler Modelle so zu trainieren, dass sie konkrete Vorhersagen treffen können, aber dennoch allgemeingültig sind.

Datenwissenschaftler verbringen viel Zeit damit, über ihre Algorithmen nachzudenken und sie so anzupassen, damit diese Überanpassung verhindert wird. Sie testen oft mehrere Algorithmen parallel, um herauszufinden, welche nach dem Training am besten funktionieren.

Ein entscheidender Aspekt bei der Auswahl oder dem Schreiben eines Algorithmus ist zu verstehen, wie sich der Algorithmus im Laufe der Zeit als Reaktion auf die Trainingsdaten anpasst. Bei diesen Rückkopplungsschleifen kommt häufig komplexe Mathematik ins Spiel, die dem Algorithmus bei der Beurteilung hilft, welche Faktoren zu seinem Erfolg beigetragen haben und daher stärker gewichtet werden sollten. Sie hilft dem Algorithmus auch dabei herauszufinden, in welchem Maße die Gewichtung eines beteiligten Faktors erhöht oder verringert werden sollte.

GÄNGIGE ALGORITHMUS-ARTEN

Jetzt haben wir einen allgemeinen Überblick darüber, wie ein Algorithmus funktioniert. Schauen wir uns jetzt einige der beliebtesten Algorithmen im Detail an.

LINEARE REGRESSION

Hierbei handelt es sich um einen sehr einfachen Algorithmus, der sich auf die Grundprinzipien stützt, die schon im 1. Semester in Statistik gelehrt werden. Bei der linearen Regression ist es die Aufgabe, eine gerade Linie an eine Reihe von Punkten anzupassen. Diese Linie soll den Gesamttrend für eine Datenmenge vorhersagen, sodass man mit ihrer Hilfe die Wahrscheinlichkeit für zusätzliche Datenpunkte berechnen kann.

Es gibt unterschiedliche Ansätze bei der linearen Regression, aber bei allen geht es im Kern darum, die Gleichung für eine gerade Linie zu finden, die am besten zu den Trainingsdaten passt. Wenn man zusätzliche Datenpunkte hinzufügt, dann passt sich die Linie so an, dass der Abstand zu allen Datenpunkten minimiert wird. Daher funktioniert lineare Regression am besten bei sehr großen Datenmengen.

Dies ist zwar ein eher simpler Algorithmus, aber eine der wichtigsten Maximen beim maschinellen Lernen ist es, nicht einen komplizierten Algorithmus zu verwenden, wenn auch ein einfacher ebenso gut funktioniert.

LOGISTISCHE REGRESSION

Wenn die lineare Regression eine gerade Linie in einer 2-D-Ebene ist, dann ist die logistische Regression ihr großer Bruder, der gekrümmte Linien auf einer mehrdimensionalen Fläche verwendet. Sie ist viel mächtiger als die lineare Regression, aber auch entsprechend komplexer.

Die logistische Regression kann mit mehr als einer Einflussgröße umgehen. Sie ist ein Klassifizierungsalgorithmus, dessen Ergebnisse binär sind (eine Skala von 0 bis 1). Infolgedessen bildet sie die Wahrscheinlichkeit ab (z. B. „0,887“ oder „0,051“), ob die

Eingabe Teil einer vorgegebenen Klassifikation ist. Wenn Sie sie auf mehrere Klassifikationen anwenden, erhalten Sie für jede Klasse eine Wahrscheinlichkeit, ob der Datenpunkt zu dieser Klasse gehört. Wenn man diese Wahrscheinlichkeiten darstellt, dann erhält man eine nicht lineare multiplanare Kurve, die man „Sigmoid" oder auch „Schwanenhalsfunktion" nennt. Logistische Regression ist dabei der einfachste Algorithmus für nicht lineare Anwendungen.

ENTSCHEIDUNGSBÄUME

Wenn Sie schon mal ein Flussdiagramm gesehen haben, dann kennen Sie den Grundgedanken eines Entscheidungsbaums. Der Baum stellt eine Reihe von Kriterien dar. Wenn das erste Kriterium ein „Ja" ist, dann bewegt sich der Algorithmus entlang des Baumes in die Ja-Richtung. Wenn das erste Kriterium ein „Nein" ist, bewegt sich der Algorithmus in die andere Richtung. Entscheidungsbaum-Algorithmen nehmen eine Feinabstimmung der Kriterien und möglichen Antworten vor, bis sie durchgehend eine richtige Antwort geben.

Beim modernen maschinellen Lernen ist eher selten, dass es nur einen einzigen Entscheidungsbaum gibt. Vielmehr werden sie meistens mit anderen Entscheidungsbäumen verknüpft, um leistungsfähige Algorithmen zur Entscheidungsfindung zu entwickeln.

ZUFALLSWALD

Der Zufallswald ist ein Algorithmus, der mehrere Entscheidungsbäume miteinander kombiniert. Er führt das Konzept des „schwachen Lerners" in den Algorithmus ein. Im Grunde genommen ist ein schwacher Lerner ein Vorhersageinstrument, das für sich alleine genommen schlecht abschneidet, aber wenn er zusammen mit anderen schwachen Lernern angewendet wird, dann liefert die Intelligenz dieser Gesamtheit zusammen ein gutes Ergebnis.

Zufällig erstellte Entscheidungsbäume sind die schwachen Lerner in einem Zufallswald. Jeder Entscheidungsbaum lernt als ein Teil der Algorithmus-Implementierung. Ein übergreifender starker Vorhersager lernt jedoch auch, wie die Ergebnisse aus den verschiedenen Bäumen kombiniert werden können.

K-Mittel-Algorithmus („K-Means Clustering")

Hierbei handelt es sich um einen unüberwachten Lernalgorithmus, der versucht, die Daten in eine Anzahl von k Clustern(„Häufungen") zu gruppieren. Obwohl er unüberwacht ist, muss der Datenwissenschaftler zu Beginn eine Richtung vorgeben. Dabei werden z. B. Bilder oder Datenpunkte gesetzt, die das Zentrum jedes Clusters darstellen sollen. Mit anderen Worten: Es sind Datenpunkte, die exemplarisch für das sind, wofür dieser Cluster steht. Im Laufe des Trainings werden alle Bilder oder Datenpunkte dem nächstgelegenen Cluster zugeordnet. Am Ende konvergieren alle Datenpunkte mit ihren entsprechenden Clustern.

Es gibt sicherlich schnellere oder bessere Methoden für das unbeaufsichtigte Clustering. Das K-Mittel ist jedoch nach wie vor beliebt, weil es bereits gut eingeführt und dokumentiert ist und weil es allgemein funktioniert.

Nächste-Nachbarn-Klassifikation

Nächste-Nachbarn-Klassifikation (NNK) ist ein Klassifizierungsalgorithmus. Er weist Ähnlichkeiten mit dem „k-Mittel-Clustering" auf, unterscheidet sich jedoch insofern grundlegend, als es sich hier um einen überwachten Lernalgorithmus handelt, während „k-Mittel" unüberwacht ist. Daraus resultiert der Unterschied in der Terminologie zwischen Clustering und Klassifikation. Die NNK wird mit beschrifteten Daten trainiert, damit der Algorithmus künftige Daten selbst kennzeichnen kann. „k-Mittel" hingegen kann nur versuchen, Datenpunkte zu gruppieren.

NNK vergleicht neue Datenpunkte mit den vorhandenen Datenpunkten aus dem beschrifteten Trainingsdatensatz. Es sucht dann nach den „nächsten Nachbarn" zu diesen neuen Daten und ordnet diese Kennzeichnungen zu.

Hauptkomponentenanalyse

Die Hauptkomponentenanalyse (HKA) reduziert einen Datensatz auf seine Haupttrends. Es handelt sich dabei um einen unüberwachten Algorithmus, den man bei einer sehr großen Datenmenge verwendet, um die Daten in einfacheren Zusammenhängen zu verstehen. Er verringert die Dimensionen der Daten. Der Algorithmus ist jedoch auch auf eine große Varianz zwischen den Dimensionen (oder Hauptkomponenten) fokussiert, damit man das Verhalten des ursprünglichen Datensatzes nicht verliert.

WAS MAN BRAUCHT, UM EINEN NEUEN ALGORITHMUS ZU SCHREIBEN

Wir haben jetzt einige der wichtigsten Algorithmen behandelt (es gibt natürlich noch weitere), die den Kern der Theorie des maschinellen Lernens ausmachen. Über diese Kernalgorithmen hinaus ist es jedoch selten, dass noch etwas wirklich Neues erfunden wird. Normalerweise sind neue Algorithmen nur Verbesserungen bestehender Theorien. Oder ein existierender Algorithmus wird zur Verwendung in einem neuen Szenario angepasst.

Ein Grund dafür, dass neue Algorithmen nur noch selten erfunden werden, liegt darin, dass deren Entwicklung schlicht und ergreifend sehr schwierig ist. Das Erstellen eines Algorithmus erfordert ein ausgeprägtes Verständnis für höhere Mathematik, außerdem benötigt man umfangreiche Beweise und Tests. Darüber hinaus wurden die einfach zu schreibenden, naheliegenden Algorithmen bereits erfunden.

Aber das ist noch nicht alles. Gute Algorithmen zeichnen sich dadurch aus, dass sie sowohl leistungsfähig als auch effizient sind. Das ist eine knifflige Kombination, die sich nur schwer finden lässt. Das maschinelle Lernen ist nicht nur ein Computer-Problem mit Tausenden von Datenpunkten, sondern auch ein mathematisches Problem. Auch das „Debugging" (Fehlersuche) von Algorithmen kann sehr schwierig sein, da nicht so ohne Weiteres festzustellen ist, wo etwas schiefgelaufen ist.

Wann immer möglich, sollte ein Projekt zum maschinellen Lernen bereits bestehende getestete und validierte Algorithmen anwenden. Es ist nicht empfehlenswert, eigene Algorithmen von Grund auf neu zu programmieren oder sich einen Kombinations-Ansatz zusammenzubasteln, da dies zu langsamen oder fehlerhaften Ergebnissen führen kann.

Manchmal müssen Entwickler und Datenwissenschaftler einen bestehenden Algorithmus für einen neuen Kontext optimieren oder anpassen. Oder manchmal ist ein vorhandener Algorithmus für eine gewünschte Anwendung einfach nicht schnell genug. Aber die meisten Anwendungen des maschinellen Lernens können bestehende Algorithmen aus verfügbaren Bibliotheken effektiv nutzen, ohne dass man von Grund auf neu programmieren müsste.

Kapitel 4. Training und Einführung eines Algorithmus

Dies ist der Schritt, in dem das eigentliche maschinelle Lernen stattfindet. Nach der Zusammenstellung der Daten wählen die Datenwissenschaftler mehrere ähnliche Algorithmen aus, von denen sie glauben, dass sie für die Lösung der Aufgabenstellung geeignet sind. Die Herausforderung ist jetzt, diese Algorithmen mit den Daten zu trainieren und die Ergebnisse zu überprüfen.

Oft ist es schwierig, vorab zu wissen, welcher Algorithmus für eine maschinelle Lernanwendung am besten geeignet ist. Deshalb ist es die optimale Verfahrensweise, zunächst mehrere Algorithmen zu trainieren und dann einen oder mehrere Algorithmen auszuwählen, die am besten funktionieren. Dann werden diese Algorithmen so lange optimiert, bis Sie das Modell erhalten, das Ihren Anforderungen am besten gerecht wird.

„Am besten" kann verschiedene Dinge bedeuten. Natürlich wollen wir, dass das Modell präzise Vorhersagen macht. Deshalb ist die Genauigkeit natürlich ein wesentlicher Aspekt. Wenn dieses Modell jedoch sehr ressourcen- oder zeitintensiv ist, dann kann es sinnvoller sein, einen einfacheren Algorithmus auszuwählen. Man bekommt vielleicht nicht ganz so präzise Ergebnisse, diese dafür aber viel schneller.

PROGRAMMIERUNG

Maschinelles Lernen bildet die Schnittstelle von Statistik, Mathematik und Informatik. Da wir es mit Computern zu tun haben, müssen wir natürlich die Anweisungen zum maschinellen Lernen in einer Programmiersprache schreiben. Mit dem zunehmenden Interesse an ML entsteht hier schnell ein enormer Wachstumsmarkt für neue Softwareentwickler. Fähigkeiten im maschinellen Lernen sind sehr gefragt.

Bislang haben wir noch nicht über die Programmiersprachen und Methoden gesprochen, die Entwickler zur Programmierung und Erstellung ihrer maschinellen Lernanwendungen verwenden. Dieser Abschnitt soll nur einen kurzen Überblick über die wichtigsten Sprachen geben.

Python ist bei Weitem die gebräuchlichste Sprache zur Erstellung von maschinellen Lernanwendungen. Es ist auch die beliebteste Sprache laut Umfragen unter Entwicklern in Bezug auf maschinelles Lernen. Ein großer Teil des Erfolgs von Python liegt in seiner Einfachheit im Vergleich zu anderen Programmiersprachen. Außerdem basiert Googles Open-Source-Bibliothek für Algorithmen des maschinellen Lernens, „TensorFlow", auf Python. Für Python-basierte Anwendungen im maschinellen Lernen gibt es reichlich Ressourcen und eine große Community.

Mit deutlichem Abstand hinter Python folgen Java und C/C++. Es handelt sich um ältere „Low Level"-Programmiersprachen, die sich gut für optimierte Anwendungen eignen. Java und C/C++ werden in einer Vielzahl von Applikationen eingesetzt, nicht nur beim maschinellen Lernen. Das bedeutet, dass es viele Entwickler gibt, die diese Sprachen beherrschen. Es gibt auch einige Bibliotheken für maschinelles Lernen für diese Sprachen, aber nicht annähernd so viele wie in TensorFlow.

Eine weitere Programmiersprache, die häufig beim maschinellen Lernen verwendet wird, ist R. Es ist eine auf statistische Berechnungen spezialisierte Programmiersprache. Obwohl R sicherlich seinen Platz im maschinellen Lernen hat, ist es in einem ML-Projekt selten die verwendete Haupt-Sprache, sondern eher eine Ergänzung zu den oben aufgeführten Programmiersprachen.

Es gibt noch zahlreiche andere Programmiersprachen, mit denen man Code für maschinelles Lernen schreiben kann. Es gibt Sprachen, die auf bestimmte Gebiete der Statistik, Datenwissenschaft oder Modellierung spezialisiert sind. Julia, Scala, Ruby, Octave, MATLAB und SAS werden gelegentlich in maschinellen Lernprojekten eingesetzt. Diese Sprachen sind jedoch eher die Ausnahme als die Regel.

STATISCH VS. DYNAMISCH

Wenn Sie sich für eine Programmiersprache entschieden und eine entsprechende Bibliothek für die Implementierung der Algorithmen installiert haben, können Sie mit dem Training Ihrer Algorithmen beginnen.

Es gibt zwei Arten des maschinellen Lernens. Die eine ist ein statisches Training, das komplett außerhalb des laufenden Betriebs durchgeführt wird, bevor die Datenwissenschaftler dann eine neue Trainingssitzung starten. Die andere Art ist ein dynamisches Training, bei dem das Modell im laufenden Betrieb auf unbestimmte Zeit weiterlernt.

Statische Modelle sind viel einfacher zu erstellen. Sie sind auch leichter auf ihre Genauigkeit zu testen und es gibt in der Regel auch weniger Schwierigkeiten bei der Entwicklung. Wenn sich die Eingabe-Daten im Laufe der Zeit nicht oder nur sehr langsam ändern, dann ist ein statisches Modell die richtige Methode, da es kostengünstiger und einfacher zu warten ist.

Dynamische Modelle sind viel arbeitsintensiver in der Implementierung. Sie erfordern auch eine ständige Überwachung der eingehenden Daten, um sicherzustellen, dass sie das Modell nicht unangemessen verzerren. Da sich dynamische Modelle aber stetig an sich ändernde Daten anpassen, können sie Dinge wie Märkte oder Wetter, bei denen sich die Parameter ständig verändern, viel besser vorhersagen.

TUNING UND FEATURE ENGINEERING

Es ist noch nicht damit getan, ein paar Algorithmen auszuwählen und diese dann laufen zu lassen. Um eine optimale Funktionsweise zu erreichen, muss die Person, die den Algorithmus programmiert hat, die Eingabeparameter feinabstimmen, die in den Algorithmus einfließen sollen. Maschinelle Lernprobleme sind oft sehr komplex, deshalb kann es knifflig sein zu entscheiden, welche Parameter relevant sind und wie viele davon im Modell enthalten sein sollen.

Das Ausprobieren verschiedener Parameter-Kombinationen und die Verfeinerung der besten Zusammenstellung nennt man Algorithmus-Tuning. Dafür gibt es nicht die eine absolut richtige Antwort, sondern es geht es bei jedem Tuning darum, den Algorithmus an den jeweiligen Kontext anzupassen.

Ein weiteres, mit dem Tuning verwandtes Konzept ist das „Feature Engineering". Manchmal, wie im Fall der Bilderkennung, reicht es nicht aus, einen Computer einfach nur mit Daten zu füttern, damit er versteht, was er sieht. „Deep Learning" und die neuronalen Netze haben im Bereich des Computerlernens gute Fortschritte gemacht, aber das Feature Engineering ist ein sehr praktikabler Ansatz, einem Computer zu sagen, wonach er suchen soll. Man könnte z. B. eine Funktion entwickeln, mit der ein Computer eine gerade Linie oder die Kante eines Objekts identifizieren kann. Da diese Funktionalität manuell codiert wurde, ist das nicht mehr maschinelles Lernen im eigentlichen Sinne, aber auf diese Art weiß die Maschine, wonach sie suchen soll.

Solche technischen Funktionen können die Leistung enorm steigern.

EINEN ALGORITHMUS WEGWERFEN

Wenn alles gut geht, dann ist das Ergebnis ein Modell, das gelernt hat, präzise Vorhersagen, Cluster oder Klassifizierungen in Ihren Daten vorzunehmen.

Die Schattenseite des maschinellen Lernens sind jedoch Algorithmen, die nicht funktionieren. Zurzeit wird viel Zeit und Geld in Anwendungen des maschinellen Lernens investiert. Leider stellen sich jedoch viele dieser Anwendungen als Blindgänger heraus.

Möglicherweise wurden die falschen Algorithmen ausgewählt oder die Algorithmen wurden schlecht implementiert. Aber wahrscheinlicher ist es, dass für das Projekt nicht genug Daten oder nicht die richtige Art von Daten zur Verfügung standen. Es wird eher selten darüber berichtet, wie oft Projekte zum maschinellen Lernen scheitern.

Das Frustrierende daran ist, dass es in der Regel sehr schwierig ist herauszufinden, warum das Projekt gescheitert ist. Sie hatten vielleicht Unmengen von Daten zur Verfügung und haben trotzdem viele Algorithmen vergeblich getestet und abgestimmt. Dies gilt insbesondere für komplexe Problemen und Algorithmen, die mehrschichtige neuronale Netze oder Zufallswälder implementieren. Es ist schwer zu sagen, wo genau die Dinge schiefgelaufen sind. Manchmal investieren Datenwissenschaftler viel Zeit in ein Projekt, nur um dann festzustellen, dass sie alles wegwerfen und mit mehr, neuen oder anderen Daten von vorne beginnen müssen.

Dies mag seltsam in einem Buch erscheinen, das so optimistisch in Bezug auf maschinelles Lernen ist. Ich halte es aber für wichtig, darauf hinzuweisen, dass es immer noch vieles gibt, was wir nicht über die Erstellung und den Einsatz von maschinellen Lernprojekten wissen. Projekte scheitern immer wieder, und es ist schwierig, sie auf den richtigen Weg zu bringen. Das ist eine wichtige Realität des maschinellen Lernens. Die Tatsache, dass ein Modell des maschinellen Lernens Antworten gibt, bedeutet nicht automatisch, dass diese Antworten immer richtig und unbestreitbar sind. Dessen sollten wir uns bewusst sein.

Wir sollten das maschinelle Lernen als Werkzeug respektieren und wertschätzen. Aber letzten Endes ist es eben nur genau das: ein Werkzeug.

Kapitel 5. Praktische Anwendungen des Maschinellen Lernens

Jetzt, da Sie ein grundlegendes Verständnis dafür haben, wie maschinelles Lernen funktioniert, wird es interessant, mal einen Blick auf alltägliche Beispiele des maschinellen Lernens zu werfen, die Sie vielleicht noch gar nicht kennen.

Transport

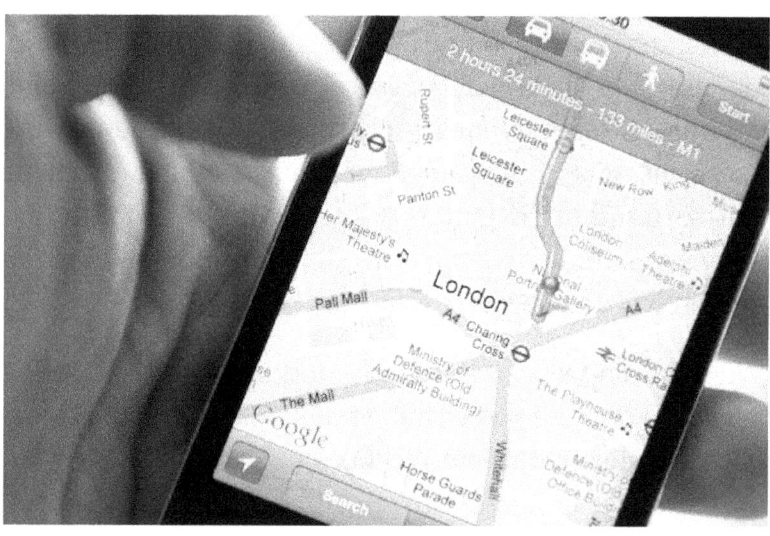

Wenn Sie Google Maps für eine Wegbeschreibung starten, dann verwenden Sie ein dynamisches Modell des maschinellen Lernens. Es benutzt anonymisierte Mobiltelefondaten von Autofahrern in Ihrer Umgebung, um die Fahrzeiten für unterschiedliche Wege zu ermitteln. Das Modell integriert auch Daten von „Waze" (eine GPS-Navigationsplattform) über Straßensperrungen, Unfälle und andere Rückmeldungen von Autofahrern. Zusammengenommen sagt das Modell so die schnellste Route und die geschätzte Ankunftszeit auf der Grundlage von Echtzeitinformationen voraus.

Lyft und Uber bauen auf diesen Daten mit ihren eigenen Algorithmen für maschinelles Lernen auf, um eine dynamische Preis- und Tarifberechnung zu ermitteln. Sie teilen Ihnen auch mit, wann der Fahrer bei Ihnen sein wird und wann Sie voraussichtlich an Ihrem Ziel ankommen werden. Bei den Mitfahrgelegenheiten von Uber Pool oder Lyft Line wird dabei sogar die Abholung und das Befördern anderer Personen berücksichtigt.

Dieselben Berechnungen werden auch für die Streckenführung, Logistik und Ankunftszeiten im Fernverkehr verwendet, für LKWs, Schifffahrt und sogar für die Flugnavigation. Diese Modelle helfen dabei, den schnellsten und sichersten Weg für den Transport von Gütern und Personen bei maximaler Effizienz vorherzusagen.

PRODUKTEMPFEHLUNGEN

Jedes Mal, wenn ein Unternehmen Ihnen online eine Kauf-Empfehlung ausspricht, können Sie grundsätzlich davon ausgehen, dass ein Algorithmus für maschinelles Lernen bei der Erstellung dieser Vorhersage involviert war. Basierend auf dem, was Sie sich angesehen und schon einmal gekauft haben, weiß Amazon, für welche Produkte Sie sich interessieren könnten. Netflix weiß, welche Filme Ihnen gefallen würden, weil es aus allen Filmen lernt, die Sie sich zuvor angesehen haben.

Customers who bought this item also bought

Mastering Bitcoin for
Starters: Bitcoin and
Cryptocurrency...
› Alan T. Norman
⭐⭐⭐⭐☆ 166
Kindle Edition
$0.99

Blockchain Technology
Explained: The Ultimate
Beginner's Guide About...
› Alan T. Norman
⭐⭐⭐⭐☆ 76
#1 Best Seller in
Virtualization
Kindle Edition
$0.99

(Kunden, die dieses Produkt gekauft haben, kauften auch ...)

Das betrifft nicht nur kundenspezifische Produktempfehlungen, sondern auch die Werbung. Facebook hat eine Menge persönlicher Daten über Sie. Facebook verwendet diese Daten, um die Werbung, die Ihnen eingeblendet wird, individuell anzupassen. Dasselbe machen auch YouTube, Twitter, Instagram und alle anderen sozialen Medien.

Darüber hinaus verwendet Google Ihre persönlichen Daten, um Ihre Such-Ergebnisse individuell anzupassen, Es ist beispielsweise wahrscheinlich, dass Google Ihnen Unternehmen und örtliche Geschäfte in Ihrer Stadt empfiehlt oder Artikel von Websites oder Autoren, die Sie zuvor schon besucht haben. Ähnlich wie bei den sozialen Medien passt Google auch seine Werbe-Anzeigen an Sie an. Das glauben Sie nicht? Führen Sie mal eine Suche bei Google in Ihrem Browser aus und führen Sie dann die gleiche Suche in einem „geheimen Fenster" Ihres Browsers durch (das entfernt Cookies und Anmeldeinformationen). Bei den meisten Suchanfragen werden Sie feststellen, dass Sie jetzt ganz andere Ergebnisse bekommen, gerade zu Themen, zu denen Sie bereits zuvor recherchiert haben.

Das maschinelle Lernen wird sogar die Art und Weise, wie wir vor Ort Produkte kaufen, verändern. Große Einzelhandelsketten beschäftigen sich schon mit Bilderkennungs-Anwendungen, die identifizieren, was Sie bereits in Ihrem Einkaufswagen haben, und daraufhin Produkt-Empfehlungen aussprechen. Andere Systeme benutzen Gesichtserkennung, um zu entdecken, wenn ein Kunde sich verirrt hat oder verunsichert wirkt. In dem Fall können sie einen Mitarbeiter benachrichtigen, um ihm weiterzuhelfen. Diese Anwendungen stecken noch in den Kinderschuhen, aber sie veranschaulichen die Art und Weise, wie das maschinelle Lernen in jeden Bereich des Lebens integriert wird, einschließlich der Mensch-zu-Mensch-Interaktionen.

FINANZEN

Jede große Bank setzt maschinelles Lernen ein, um ihre Abläufe zu vereinfachen. Bei der Regulierung können Algorithmen des maschinellen Lernens den Banken helfen zu erkennen, ob ihre Prozesse und ihre Dokumentation den gesetzlichen Vorschriften entsprechen. Andere Algorithmen des maschinellen Lernens prognostizieren Markttrends oder erkennen Investitionsmöglichkeiten.

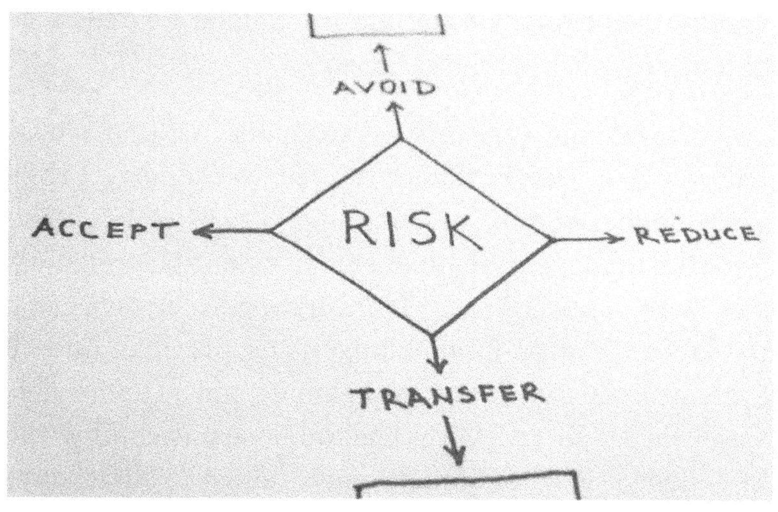

Bei Kreditanträgen oder Kreditlinien unterstützt maschinelles Lernen die Banken dabei, das Risiko der Kreditvergabe an einen bestimmten Kunden vorherzusagen. Diese Modelle können dann Modalitäten und Zinssätze vorschlagen, die auf den Antragsteller individuell zugeschnitten sind. Im Bankwesen ermöglicht die ML-gestützte Zeichenerkennung die Einzahlung eines Schecks mit der Smartphone-Kamera. Maschinelles Lernen kann auch betrügerische Transaktionen erkennen und so verhindern, dass Ihr Konto abgeräumt wird.

SPRACHASSISTENTEN, INTELLIGENTE HÄUSER UND AUTOS

Sprachassistenten wie „Siri" und „Alexa" verwenden maschinelles Lernen, um menschliche Sprache zu verstehen und entsprechend darauf zu reagieren. Die Gesprächs-KI ist zurzeit das Nonplusultra im maschinellen Lernen und beim Training von neuronalen Netzen. Die Spracherkennung ist jetzt schon ziemlich gut bei Beantwortung einfacher Fragen wie z. B. „Wie wird das Wetter heute?" Die nächste Herausforderung besteht darin, eine sprechende KI zu erschaffen, die über Musik, Literatur, aktuelle Ereignisse oder andere komplexe Themen reden kann.

Die Bedeutung der Spracherkennung wird in den kommenden Jahren weiter zunehmen, da wir immer mehr auf unsere persönlichen Assistenten angewiesen sein werden. Dies ist besonders bedeutsam in der Kombination mit dem Trend zu intelligenten Häusern und selbstfahrenden Fahrzeugen. Man kann sich eine Zukunft vorzustellen, in der wir jeden Bereich unseres Zuhauses und unserer Verkehrsmittel intuitiv steuern können. Dabei verwendet jedes dieser Systeme – wie intelligente Thermostate, intelligente Sicherheitssysteme und autonome Fahrzeuge – seine eigenen maschinellen Lernalgorithmen, um die gewünschten Aufgaben auszuführen.

FAZIT

Es gibt natürlich noch reihenweise andere Anwendungsfälle für maschinelles Lernen im Gesundheitswesen, in der Produktion, in der Landwirtschaft und in vielen anderen Bereichen in unserem Leben. Maschinelles Lernen ist überall dort hilfreich, wo es Daten gibt und wir Unterstützung brauchen, um diese Daten zu verstehen, vorherzusagen oder anderweitig zu nutzen.

Maschinelles Lernen ist sehr mächtig und wird in unserem täglichen Leben weiter an Bedeutung gewinnen. Daher ist es wichtig, dass jeder ein grundlegendes Verständnis über die Funktionsweise, die potenziellen Probleme und die enormen Möglichkeiten hat. Ich hoffe, dass dieser kleine Leitfaden für Anfänger eine solide Grundlage für den interessierten Laien geschaffen hat.

Es gibt darüber hinaus noch viel mehr Aspekte des maschinellen Lernens, die in diesem Buch nicht abgedeckt sind. Es sind großartige Informationsquellen online und in gedruckter Form verfügbar, um Ihr Wissen über diese wichtige Technologie noch weiter zu vertiefen. Ich hoffe, dass dies erst der Anfang Ihrer Reise durch das maschinelle Lernen ist.

Vielen Dank fürs Lesen.

ÜBER DEN AUTOR

Alan T. Norman ist ein stolzer, versierter und ethischer Hacker aus San Francisco. Nach seinem Bachelor-of-Science-Abschluss an der Stanford University arbeitet Alan jetzt für ein mittelständisches Unternehmen für Informationstechnologie im Herzen von San Francisco. Er strebt an, als Sicherheitshacker für die amerikanische Regierung zu arbeiten, aber er liebt es auch, anderen die Zukunft der Technologie nahezubringen. Alan ist der festen Überzeugung, dass die Zukunft stark von „Computer-Geeks" abhängen wird, sowohl für die Sicherheit und den Erfolg der Unternehmen, als auch für zukünftige Jobs. In seiner Freizeit beschäftigt er sich am Liebsten damit, alles rund um das Basketballspiel zu analysieren und zu hinterfragen.

FINDEN SIE UNTEN DEN LINK ZU DEM BONUS-BUCH

Link zum Buch (English)

Andere Bücher von Alan T. Norman:

Professioneller Handel mit Kryptowährungen: Mit ausgereiften Strategien, Tools und Risikomanagementtechniken zum Börsenerfolg

Mastering Bitcoin for Starters

CRYPTOCURRENCY INVESTING BIBLE

BLOCKCHAIN TECHNOLOGY EXPLAINED

HACKING: HOW TO MAKE YOUR OWN KEYLOGGER IN C++ PROGRAMMING LANGUAGE

HACKED
KALI LINUX AND WIRELESS HACKING ULTIMATE GUIDE WITH
SECURITY AND PENETRATION TESTING TOOLS, PRACTICAL
STEP BY STEP COMPUTER HACKING BOOK
ALAN T. NORMAN

NOCH EINE LETZTE SACHE ...

HAT IHNEN DIESES BUCH GEFALLEN?

WENN JA, DANN SCHREIBEN SIE BITTE EINE REZENSION AUF AMAZON! Rezensionen sind das Lebenselixier unabhängiger Autoren. Ich würde mich auch nur über ein paar Worte und eine Bewertung freuen, wenn Sie nicht mehr Zeit haben.

WENN IHNEN DIESES BUCH NICHT GEFALLEN HAT, DANN SAGEN SIE ES MIR BITTE! Schicken Sie mir eine E-Mail an alannormanit@gmail.com und lassen Sie mich wissen, was Ihnen nicht gefallen hat! Vielleicht kann ich es ja besser machen. In der heutigen Welt muss ein Buch nicht unverändert bleiben, es kann sich mit der Zeit und dem Feedback von Lesern wie Ihnen verbessern. Sie können Einfluss auf dieses Buch nehmen, ich freue mich über Ihr Feedback. Helfen Sie mit, dieses Buch für alle besser zu machen!